AF458115

FRANÇAIS

ET

ALLEMANDS

Aux États-Unis d'Amérique

PENDANT L'ANNÉE TERRIBLE (1870)

CONFÉRENCE

FAITE A GERBÉVILLER

LE 14 JUILLET 1883

PAR M. J.-B. RAVOLD

NANCY
LIBRAIRIE SIDOT FRÈRES
Rue Raugraff, 3.

LUNÉVILLE
IMPRIMERIE NOUVELLE
6, rue de Lorraine, 6.

FRANÇAIS ET ALLEMANDS

Aux États-Unis d'Amérique

PENDANT L'ANNÉE TERRIBLE (1870)

Introduction.

MESDAMES ET MESSIEURS,

Le drapeau tricolore, ce cher et auguste emblème de la Patrie, est, en quelque sorte, le signe représentatif de la victoire du 14 Juillet 1789, dont nous célébrons aujourd'hui le 94e anniversaire.

Dans le nouvel état de choses créé par la Révolution, notre drapeau national joue le rôle assigné dans la Bible à l'arc-en-ciel : il est le signe de l'alliance conclue entre tous les enfants de la France, sans distinction de classe et d'origine.

Ici, à Gerbéviller, nos pères accueillirent son apparition avec des transports d'allégresse. Tous applaudirent aux paroles prophétiques du général Lafayette quand, en présentant au nouveau conseil municipal de Paris, la cocarde aux trois couleurs (bleu, blanc et rouge), il s'écria :

« PRENEZ CETTE COCARDE TRICOLORE, ELLE FERA LE TOUR DU MONDE. »

Nos devanciers patriotes, à Gerbéviller, les Cherrière, les Campagne, les Darche, les Hennequin, les Vautrin, etc., s'en parèrent avec orgueil et joie, eux, leurs femmes et leurs enfants.

Vous savez, mesdames et messieurs, que la prédiction de Lafayette s'est accomplie à la lettre. Nos trois couleurs, entre les mains viriles des représentants de la Révolution, de la République, ont vu fuir devant elles l'Europe coalisée. Que dis-je? Les peuples affranchis du joug de la féodalité les ont arborées avec enthousiasme, et toute la rive gauche du Rhin en a fait son drapeau national. Si plus tard, hélas! deux fois en un demi-siècle, notre glorieux drapeau tricolore a dû s'incliner, s'abaisser; si, en 1814-1815, il a été proscrit en même temps que les pères de la République, les Conventionnels, c'est grâce à la monarchie, grâce au régime de compression que les Napoléon Bonaparte et leurs valets ont fait peser sur la France.

Je me propose aujourd'hui, mesdames et messieurs, de vous apprendre ce que devint le drapeau tricolore aux Etats-Unis d'Amérique pendant l'année terrible. Je vais vous montrer à l'œuvre, dans le Nouveau-Monde, les monarchistes et les républicains français. A vous de juger lesquels des deux ont élevé le plus haut le drapeau de la Révolution, du 14 Juillet, ont su faire battre le plus vivement, en faveur de la France, le cœur des citoyens américains; en un mot, lesquels des deux ont le mieux mérité de la chère Patrie!

I.

Les Partis Politiques aux États-Unis.

Au commencement de la guerre franco-prussienne, en juillet 1870, comme aujourd'hui encore, deux grands partis se trouvaient en présence sur la scène politique des Etats-Unis d'Amérique : le parti *républicain*, *radical* (unioniste) et le parti *démocrate* (sécessionniste, esclavagiste). — Le premier, victorieux par le scrutin, aux *grandes* élections de 1868, comme il l'avait été en 1864-65 sur les champs de bataille, avait à sa tête le Président de la République, le général Grant, et possédait une forte majorité au Sénat et au Congrès ; ses partisans peuplaient les administrations de la majeure partie des Etats de l'Union : le pouvoir se trouvait entre ses mains. — Le second, le parti *démocrate*, vaincu dans la guerre de sécession, comptait dans son sein tous les anciens esclavagistes, et recrutait journellement des partisans parmi les unionistes mécontents. Disloqué entièrement après le triomphe des républicains, il s'était reconstitué bien vite, sous l'administration réactionnaire du président Johnson, le peu digne successeur de Lincoln, assassiné. Ses chefs espéraient convertir prochainement une minorité déjà respectable en une majorité écrasante, dès que les droits politiques seraient rendus aux *fauteurs, partisans* (SYMPATHISERS) et soldats de la rébellion, trois catégories de citoyens qu'on avait privés du droit de vote, comme représaille légitime, quoique temporaire, de leur révolte contre l'unité et l'indivisibilité de la République. La *petite élection* (nomination de moitié de la Chambre et de certaines administrations locales dans quelques Etats) de 1870 leur paraissait une occasion favorable de constater les progrès réalisés depuis deux ans. Or, voici quelle était la position respective des Français et des Allemands naturalisés citoyens américains, vis-à-vis de ces deux partis rivaux, au moment où Napoléon III déclara la guerre à la Prusse.

II.

Position des Allemands.

Au nombre de plusieurs millions établis aux Etats-Unis, les Allemands étaient enrôlés en grande majorité dans les rangs des républicains-radicaux. Presque tous avaient combattu la rébellion à côté des soldats du Nord. Plusieurs de leurs nationaux, déjà fameux par le rôle qu'ils avaient joué en Europe comme républicains, en 1848-49 et 1850, s'étaient signalés à la tête des troupes unionistes, particulièrement Frantz Siegel, chef des insurgés badois, le Bavarois Hecker et le Prussien Karl Schurtz. Ce dernier même avait été nommé sénateur à Washington, par l'Etat du Missouri, en récompense de sa conduite pendant la guerre et surtout pour son précieux concours pendant la campagne électorale de 1868, où ses discours avaient rallié presque toute la population de langue allemande autour du drapeau sur lequel figuraient les noms du président Grant et du vice-président Colfax. La position éminente de Schurtz parmi les membres de la Chambre haute, l'amitié du chef de l'Etat et des membres les plus distingués du parti radical, avaient fait de lui le *leader*, le directeur, l'âme du parti allemand aux Etats-Unis. De là l'importance de son journal, la *Westliche Post* (Poste de l'Ouest), publié à Saint-Louis (Etat du Missouri) et le rôle prépondérant que le proscrit républicain de 1849, devenu un séïde du roi Guillaume et de M. de Bismarck, joua à la tête des Allemands américains pendant la guerre franco-prussienne. La presse radicale américaine, pour conserver au parti l'important appoint des suffrages germains, se fit l'écho des journalistes teutons à la dévotion du cabinet de Berlin.

III.

Position des Français.

Bien inférieure en nombre à l'élément germanique, la population parlant français aux Etats-Unis s'élevait tout au plus à un million d'habitants. Encore faut-il comprendre dans ce chiffre des Créoles, des Belges, des Suisses, des Canadiens se servant de l'idiome de notre pays. Disséminés par groupes plus ou moins importants sur tous les points de l'Union, nos nationaux ne présentent un noyau considérable que dans quelques villes, telles que la Nouvelle-Orléans, New-York, San-Francisco, etc. Encore là, ces groupes étaient loin de constituer un tout compact, uni, homogène. On pouvait les diviser en trois grandes catégories : les Créoles, les Bonapartistes et les Républicains.

Créoles. — Tout en gardant un excellent souvenir de la France, les créoles et surtout leurs descendants se sont plus ou moins américanisés; mœurs, habitudes, langage, tout chez eux respire le *Yankee*. Les seules traditions survivant de la Mère-Patrie, ce sont des habitudes, nombre de préjugés qui datent du siècle dernier. A peine le premier Empire et la Restauration ont-ils fait pénétrer quelques idées nouvelles dans certaines familles. Depuis 1830, la masse est restée étrangère au mouvement social et démocratique qui s'est opéré en France. Pour le créole, la République c'est toujours 1793; porter un titre nobiliaire est un moyen certain de recevoir chez lui un accueil empressé, enthousiaste. Ceci explique comment un grand nombre d'entre eux, quoique habitant les Etats de l'Union non esclavagistes se sont enrôlés dans les légions du Sud; ceux qui ne voulaient pas courir les aventures de la lutte armée figuraient au premier rang des *sympathisers* (partisans avoués de la rébellion). Inutile d'ajouter que Napoléon III était l'objet de leur culte. A leurs yeux, l'expédition du Mexique, à côté du but avoué, — la restauration d'une monarchie dans le pays de Montézuma, — masquait le dessein d'une intervention efficace en faveur de la République esclavagiste, ou au moins, comme pis-aller, l'installation d'un Napoléon comme roi, sur un trône à ériger à Richemond.

Bonapartistes. — Parmi les Français arrivés plus récemment dans l'Union, on comptait un certain nombre d'impérialistes. Les uns admiraient sincèrement le triste héros de Strasbourg et de Boulogne; les autres, et cela leur était commun avec certains créoles, les autres exaltaient l'Homme de Décembre, uniquement parce qu'il trônait aux Tuileries. Pour eux, Bonaparte personnifiait la Patrie ; l'attaquer, c'était attaquer non pas l'assassin de la République, mais la nation entière ; exalter le parjure, c'était payer un tribut de reconnaissance à la Mère-Patrie. Le *Courrier des Etats-Unis*, journal publié à New-York, ce Paris politique de la presse américaine, était leur principal organe. Esclavagiste dans sa politique intérieure, le *Courrier*, pour l'extérieur, préconisait tous les actes de Napoléon et de ses séïdes. L'acquittement de Pierre Bonaparte, dans le procès qui suivit l'assassinat de Victor Noir, les sept millions de *oui* obtenus au plébiscite du 8 mai, lui arrachèrent d'éloquents cris d'enthousiasme. Avec les Cassagnac, les Rouher, les Welche, les Chevandier et autres impérialistes de France, il répétait, en juillet, le cri insensé de : A Berlin ! à Berlin !

RÉPUBLICAINS. — Ceux-ci figuraient au premier rang parmi les radicaux américains et vouaient à Bonaparte une haine implacable. Le spectacle de la grandeur, de la prospérité dont le gouvernement républicain dotait leur nouvelle Patrie ravivait sans cesse leur douleur civique. — « Sans ce misérable assassin de Décembre, disaient-ils, notre chère France jouirait d'un épanouissement semblable à celui que nous admirons ici. » — Le *Messager Franco-Américain*, journal publié à New-York, formulait leur pensée, défendait leur programme. Anti-esclavagiste, républicain de principes, à l'intérieur comme à l'extérieur, le *Messager*, en même temps qu'il soutenait l'administration du président Grant, stigmatisait les folies, les entreprises insensées, le despotisme de Napoléon.

Les Belges, Suisses, Canadiens, etc., parlant français, après une attention toute spéciale consacrée à la politique de leur pays d'origine, se partageaient, quant à l'appréciation des actes de l'Empire, entre les deux partis rivaux francais, — républicains et bonapartistes, — en raison de leurs convictions personnelles.

IV.

L'Union républicaine de Langue française.

L'élection de Karl Schurtz, comme sénateur, montrait de quel poids pouvait peser dans la balance de la politique américaine une nationalité étrangère compacte, bien organisée, agissant avec ensemble, sous une direction habile. Etait-il donc impossible à un million de citoyens parlant français de se fédéraliser et d'atteindre, dans des proportions plus modestes, un résultat pareil à celui que venaient de réaliser les Allemands? Telle fut la pensée qui amena la création de l'*Union républicaine de langue française*. Nos nationaux de Saint-Louis (Missouri) constituèrent le premier groupe, la première section. Bientôt, tous les centres importants adoptèrent la nouvelle organisation et fondèrent des sociétés affiliées. Le siège central de la société fut établi à New-York.

Tous les dimanches, dans une réunion des membres de chaque section respective, on discutait les principales questions à l'ordre du jour, en Europe aussi bien qu'en Amérique. C'est ainsi qu'au moment du *vote du plébiscite*, un orateur, à Saint-Louis, montra la faiblesse de l'armée française en comparaison de l'armée allemande, par les chiffres mêmes publiés par le gouvernement, chiffres que voici :

ARMÉE DE TERRE. — Inscrits, 300,684. — *Oui*, 257,740. — *Non*, 41,782. — *Blancs et nuls*, 2,997. — Abstentions, 1,156.

MARINE. — Inscrits, 32,037. — *Oui*, 23,895. — *Non*, 6,009. — *Blancs et nuls*, 506. — Abstentions, 1,627.

Total des inscrits de l'armée de terre et de mer : 332,721.

C'est donc, ajouta-t-il, un maximum de 400,000 hommes, y compris les soldats en congé, que présente l'armée française. En défalquant les non-valeurs et les marins, on aurait tout au plus 250,000 hommes à mettre en campagne en cas de guerre.

Qu'on juge de l'effroi et de la colère des républicains français quand, soudain, sans qu'on s'y attendît, la déclaration du ministre de Grammont, sur la candidature Hohenzollern au trône d'Espagne, vint poser la perspective d'une guerre entre la France et l'Allemagne. L'Amérique, témoin depuis plusieurs années des efforts impuissants de l'Espagne pour étouffer l'insurrection de Cuba, ne put croire à un pareil acte de folie. Le trône de Madrid, ruiné par trois ou quatre partis dans la Péninsule même, ruiné par une guerre interminable avec la plus belle de ses colonies, paraissait, au bon sens d'un peuple républicain, un objet bien peu digne d'envie. Il lui semblait impossible que, d'un si pauvre prétexte, pût sortir l'occasion d'égorger des milliers d'hommes, de dévorer des milliards, fruit des sueurs de plusieurs générations de travailleurs ; on comptait donc sur une solution pacifique. Hélas ! on oubliait l'expression si pittoresque et si vraie de Napoléon Ier, à Sainte-Hélène : « On ne peut coucher dans un lit royal sans gagner la folie : je suis devenu fou. »

V.

La Déclaration de la Guerre.

Il faut avoir vécu en Amérique pour comprendre la poignante émotion qui saisit tous les cœurs quand, à une heure insolite, les gamins, vendeurs de journaux, firent retentir les rues des villes de ce cri sinistre : WAR, GUERRE EN EUROPE. *Napoléon déclare la guerre à la Prusse.*

La consternation fut universelle. On suspendit en quelque sorte les affaires, pour commenter le télégramme sinistre. Allemands et Américains se sentaient atteints par la grave nouvelle. Qu'allait devenir le commerce pendant le cours des hostilités ? Jusqu'à quel point les relations de toute nature, si considérables entre l'Union et la Germanie, seraient-elles entravées par le blocus des côtes de la mer du Nord, blocus qu'on supposait devoir être effectué par la flotte française, réputée si formidable. Telles étaient les préoccupations des négociants ; quant aux partisans de l'Allemagne, ils se demandaient avec effroi quel sort était réservé à la Patrie germanique. On croyait la

France prête à entrer en campagne et pressée de conquérir la rive gauche du Rhin. Le ministre de la guerre n'avait-il pas prononcé cette parole mémorable, du haut de la tribune du Corps législatif : — Nous SOMMES PRÊTS ; IL NE MANQUE PAS UN BOUTON DE GUÊTRE. — Pour que Napoléon, selon la version universellement accréditée alors et reconnue depuis fausse en partie, pour qu'il persistât dans son agression après le désaveu de la candidature Hohenzollern par le roi Guillaume ; pour que Benedetti, l'ambassadeur français, après le congé reçu le matin par le vieux monarque, vînt relancer celui-ci aux eaux d'Ems même, et, descendant aux procédés d'un portefaix, tirât le souverain par la manche de son habit, afin d'arracher une réponse, forcément négative dans de pareilles conditions, il fallait que Bonaparte, maître d'un armement formidable et de bataillons nombreux prêts à franchir la frontière, voulût renouveler l'agression inique qui, en 1866, livra à la Prusse le Hanovre et ses défenseurs. Voilà ce qu'on croyait en Amérique, sur la foi de quelques dépêches transmises par le câble transatlantique. L'attitude triomphante des bonapartistes français, leurs clameurs insensées dans les *bar-rooms* (buvettes) autorisaient les suppositions les plus alarmantes. Les meneurs aux gages de M. de Bismarck exploitaient habilement tout ce qui pouvait surexciter la fièvre patriotique des Germains. Ainsi, un journal satirique de Paris ayant publié un jour une de ses *charges* habituelles avec une légende ainsi conçue : « Turcos tuer tous les Prussiens et apporter chez eux charretées de grosses filles blondes », on souleva un haro universel contre nos braves Africains. C'est abominable ! hurlaient les gallophobes. On va lancer contre l'Allemagne des sauvages qui s'apprêtent à violer les femmes et les filles de nos frères d'Europe, vengeance ! ! ! — A l'enthousiasme que soulevait à Paris le chant de la *Marseillaise*, si longtemps proscrite, les *Mississippi-Blœtter*, feuille hebdomadaire de Schurtz, ripostaient en ces termes :

« Hurlez donc votre *Marseillaise*, esclaves » français, qui ne comprenez rien à ce mâle » chant de liberté. Ilotes politiques, renouvelez » les saturnales de l'ancienne Rome ! Gladia- » teurs aux trois couleurs, allez verser votre » sang aux accents de l'hymne libérateur et » rivez ainsi plus fortement vos chaînes déjà si » lourdes, chaînes que vous essayez d'imposer à » nos frères des bords du Rhin. Allez ! la Patrie » allemande vous attend de pied ferme. Elle » vous châtiera exemplairement... »

— « En face de votre Napoléon cassé, usé, podagre, l'Allemagne placera son roi vert encore et vigoureux qui, avec les siens, dirigera lui-même nos légions victorieuses et renouvellera les exploits du vieux Blücher », disait Karl Schurtz, dans une tournée oratoire qu'il fit dans les principales villes de l'Union où, sous prétexte de recueillir des fonds pour venir en aide aux victimes de la guerre, il soufflait la haine contre Napoléon (1). Déjà, le 17 juillet, il avait

(1) A l'exemple des Allemands, les Français ouvrirent également des souscriptions en faveur des victimes des compétitions monarchiques. Nos nationaux républicains, loin d'imiter les Schurtz, les Siegel, etc., en embouchant la trompette pour sonner une fanfare en l'honneur d'un

poussé vainement le président Grant à placer sous la protection du pavillon américain les vaisseaux de commerce allemands qui se trouvaient dans les ports des Etats-Unis.

VI.

Escarmouches. — Rappel aux Principes.

Avec l'irritation que causèrent de pareilles déclamations, il était difficile qu'on n'en vînt pas aux coups de poing, avant même que le canon grondât en Europe. En effet, dans plusieurs villes eurent lieu des rixes entre chauvins bonapartistes et Teutons. Ces

---

despote, apportèrent silencieusement leur offrande et laissèrent aux chauvins le triste honneur de vanter les charmes de la gloire. Les sommes réalisées furent considérables. San-Francisco se signala particulièrement. Ses dons successifs atteignirent bientôt le chiffre *d'un million* de francs.

Ce fut un Allemand de l'Illinois qui donna le signal des hostilités. Il offrit, par les journaux, une gratification de 200 dollars (1,000 francs), au premier soldat prussien qui prendait un drapeau français. Immédiatement, un de nos nationaux de Californie riposta, en ces termes :

« San-Francisco, 17 juillet 1870.

» M. Derbec, éditeur du *Courrier de San-Francisco*.

» L'épée est tirée ! Vive la France ! Vive l'empereur !

» Enfants, suivez les pas de vos pères ! Reprenez ce qu'on leur a pris et vengez les atrocités de 1815.

» Je vous envoie, M. Derbec, un chèque de 500 dollars (2,500 francs), sur Donohue, Kelly et Cie, que vous aurez l'obligeance de faire toucher au soldat français qui prendra le premier drapeau prussien sur le champ de bataille.

» Votre dévoué,

» Jos. Emeric. »

pugilats déplorables inspirèrent au journal l'*Amérique*, de Chicago, les réflexions suivantes :

« Les hostilités ont réellement commencé, non sur les bords du Rhin, mais sur le *Chicago river*. On nous signale plusieurs échauffourées entre des Prussiens, qui sont en très grand nombre dans nos parages, et quelques-uns de nos nationaux qui, comme ils en ont l'habitude, donnent un libre cours à leur manière de penser.

Nous engageons MM. les Prussiens et ceux de nos nationaux qui ne peuvent brider leur ardeur belliqueuse à se rendre de l'autre côté de l'Océan où leurs Majestés l'empereur Napoléon et le roi Guillaume se font forts de les offrir en holocauste pour leur plus grande gloire monarchique. Pendant qu'ils sont sur le sol américain, ils voudront bien se rappeler que si la liberté des paroles y est sans limite, les injures et les coups sont une violation de la loi, en même temps qu'ils portent préjudice aux causes qu'ils veulent défendre. »

Les rixes devinrent tellement générales sur tous les points des Etats-Unis, que l'*Union républicaine* crut devoir rappeler aux vrais principes humanitaires et démocratiques, les énergumènes des deux nations belligérantes qu'aveuglait un vrai fanatisme monarchique.

— « Nous, membres de l'*Union républicaine de langue française*, dit une adresse de la section de New-York, en face de la guerre entre la France et la Prusse, nous déclarons :

1° Que nous sympathisons avec tous les citoyens qui, à Paris, ont protesté contre la guerre ;

2° Que les ouvriers, qu'ils soient Français, Allemands, Anglais, Espagnols ou Italiens, sont et doivent rester *frères* ;

3° Que l'intérêt des peuples est partout le même ; que dans tous les pays les travailleurs ont à s'affranchir du double joug de la dépendance et de la misère ; que, au lieu de se battre entre eux, ils doivent solidariser leurs efforts pour conquérir leur affranchissement commun;

4° Que la guerre des peuples contre les rois, du travail contre le privilège, est la seule juste, la seule nécessaire ; mais que toute guerre suscitée par un despote, dans un but d'agrandissement territorial ou d'intérêt dynastique, est le pire fléau qui puisse affliger l'espèce humaine.

En vertu de ces principes :

1° Nous appelons de tous nos vœux la chute des monarchies et l'abolition des armées permanentes, ces deux causes de guerre et de ruine pour les peuples ;

2° Enfin et surtout, nous protestons contre tous ceux qui, Français ou Allemands, cherchent en Amérique à diviser les classes travailleuses, en les passionnant pour les disputes des despotes du vieux monde.

Sur le sol libre des Etats-Unis, nous ne sommes plus ni Français, ni Allemands, nous sommes citoyens et travailleurs.

Quand les despotes font la guerre pour nous diviser, notre devoir est tout tracé : Unissons-nous. »

Les Allemands se gardèrent bien de publier dans leurs journaux ces nobles doctrines ; le langage anti-napoléonien de la presse anglaise et plus encore l'immobilité de l'armée française pendant la seconde quinzaine de juillet ; le désarroi qu'accusaient dans notre camp les dépêches comme celle du général M..., qui n'avait pas trouvé à B... les régiments qu'il devait commander etc. ; l'annonce de la concentration des troupes de toute la Germanie sous la direction de la Prusse, avaient dissipé chez les Teutons les alarmes de la première heure et éveillé les plus [illegible]nvoitises.

VII.

Haro sur la France impérialiste !

Napoléon, sourd à la voix de l'Autriche qui, par l'organe de son ambassadeur, lui avait fait connaître son impossibilité d'intervenir, avait follement déclaré la guerre ; aussi, à l'annonce de cette nouvelle, la stupeur fut-elle générale, dans l'ancien et le nouveau monde. En Angleterre, l'irritation devint universelle. Dès le samedi 16 JUILLET, une dépêche du câble résuma en ces termes un article du *Times*, de Londres :

« La conquête de l'Alsace et de la Lorraine, qui forment aujourd'hui les départements de la Moselle, de la Meurthe, de la Meuse, des Vosges, du Haut-Rhin et du Bas-Rhin, est le but réel de la guerre de la part de la Prusse, et, à ce point de vue, cette puissance a les *sympathies de l'humanité*... »

La presse américaine fut presque unanime pour blâmer l'agression de Bonaparte. Quant à l'opinion de la majorité des citoyens de l'Union, elle se trouve assez exactement formulée dans les résolutions suivantes, adoptées, à la fin de juillet, à New-York, par le *Comité général unioniste républicain*, présidé par le général Cochrane :

.....« Comme hommes et comme Américains, nous déplorons profondément la guerre qui éclate entre deux grandes nations avec lesquelles les Etats-Unis ont toujours été en paix.

Notre gouvernement adhère avec sagesse à sa politique traditionnelle, qui est d'éviter toute alliance embarrassante ; mais le peuple américain ne peut manquer d'exprimer sa sympathie lorsque l'impérialisme envahissant d'un pays déclare la guerre à l'unité nationale de l'autre pays, et quand nous reconnaissons, en dépit de tous les prétextes, que la guerre est dirigée contre tout le peuple allemand, qui nous est uni par les liens de l'amitié et du sang.

Nous nous souvenons de la France comme d'une alliée généreuse dans les premiers temps de notre histoire ; mais nous n'avons que plus d'antipathie pour *son chef fourbe et insolent* qui, par ses intrigues auprès du cabinet britannique et son invasion de la République mexicaine, a montré qu'il oubliait les traditions de son pays, et a placé le peuple français dans une fausse position, relativement à la lutte que nous soutenions récemment pour maintenir l'héritage de Washington et de Lafayette... »

Quelques jours après, en août, la CONVENTION RÉPUBLICAINE du grand Etat de l'Ohio, réunie à Columbus, formula, dans les résolutions suivantes, la pensée du parti radical, désireux de s'assurer, pour l'élection de novembre, les suffrages nombreux des Allemands :

« Conformément à sa politique traditionnelle de neutralité, le peuple américain regarde avec une profonde indifférence les contestations européennes, relatives à des *intérêts purement dynastiques*, et ne s'intéresse à la présente lutte entre l'Allemagne et la France qu'autant qu'elle touche aux grands principes de liberté. Comme nous nous souvenons que *le soulèvement de 1848 a échoué surtout en raison du manque d'union en Allemagne*, et que dans nos récentes luttes les armées de la France s'efforçaient de renverser une République sur ce continent pour élever sur ses ruines un trône impérial, nous ne pouvons nous abstenir d'exprimer nos sympathies pour les efforts héroïques des Allemands dans une lutte qui a pour objet d'établir, de maintenir et de défendre leur unité nationale... »

A ces déclamations intéressées, les républicains français d'Amérique opposaient, avec beaucoup d'à-propos, les assertions suivantes, du *Réveil*, journal républicain de Paris (fin juillet) :

..... « Il ne faut pas que la France succombe dans le duel où la maladresse coupable de ses gouvernants l'a engagée, car, malgré tout, la France est encore le foyer de l'idée qui doit sauver l'humanité et qui, nous le disons à regret, n'a pas d'autre Patrie.

Le despotisme est un accident en France, tandis que la Prusse représente le militarisme féodal dans ce qu'il a de plus dangereux ; son triomphe serait un désastre, non-seulement pour la France, mais pour l'Europe et pour le monde. Le jour où la lourde main du Prussien s'abattrait victorieuse sur l'Europe centrale, n'ayant plus de résistance à rencontrer, c'en serait fait du progrès pour un siècle peut-être. Il faut y aviser.

La démocratie ne s'est jamais trompée sur les tendances de la politique envahissante dont M. de Bismarck s'est fait l'instrument... »

Paroles prophétiques, que l'avenir n'a que trop justifiées.

VIII.

Vœ Victis !

L'enthousiasme excité dans le monde bonapartiste, après l'affaire de Sarrebrück, par le télégramme suivant de Napoléon à l'impératrice : — « *Louis et moi nous étions en avant ; les balles tombaient autour de nous. Louis a conservé une balle qu'il a ramassée. Les soldats pleuraient en voyant sa tran-*

quillité » — cet enthousiasme ridicule fit place, trop tôt, hélas! au désespoir causé aux enfants et aux amis de la France, par les revers éprouvés par nos valeureux soldats « CES LIONS CONDUITS PAR DES ANES », comme le disaient nos ennemis eux-mêmes. Des larmes inondèrent tous les yeux quand, dans la réunion hebdomadaire de l'Union républicaine de Saint-Louis (Missouri), on lut ces lignes navrantes, écrites après nos premiers revers, par le colonel Bocher, commandant d'un régiment de zouaves, à l'un de ses amis :

... « J'ai le cœur brisé... Mes pauvres officiers, mes pauvres soldats... Je n'ose vous dire combien nous en avons perdu... Nos braves ont lutté comme des héros, des lions. Des 65 officiers placés sous mes ordres, 47 manquent à l'appel. Il ne me reste que 5 capitaines sur 30; les autres sont au ciel. Tous mes adjudants et la plupart de mes soldats ont eu le même sort. Cinq sergents me restent. Il ne me reste que 5 ou 600 zouaves, sans sacs, sans tentes, sans effets, sans nourriture, mais nous avons des armes et nous ne nous plaignons pas... »

Les convoitises de la Prusse s'affirmèrent au lendemain de ses premières victoires. Un télégramme de Londres, à la date du 19 août, formulait ainsi les prétentions du roi Guillaume :

« 1° Etre proclamé empereur d'Allemagne ;
» 2° Donner l'Alsace au Grand-Duché de Bade;
» 3° Indemniser la Bavière, en argent, pour
» ses services et ses dépenses pendant la guerre;
» 4° Déposer Napoléon III et mettre un *prince*
» *d'Orléans* sur le trône de France.
» L'opinion de l'Allemagne est en faveur de
» cette combinaison. »

A la fin du mois d'août (avant le désastre de Sedan), la *Gazette de l'Allemagne du Nord* déclara que la Prusse était déterminée à étendre son territoire jusqu'à la ligne des Vosges et même jusqu'à la Moselle, c'est-à-dire à prendre les deux tiers de la Lorraine et l'Alsace et d'exiger en outre un milliard de francs, comme indemnité de guerre. On voit que l'Allemagne n'attendit pas l'avènement de la République pour exprimer ses convoitises léonines.

Vérité pénible à enregistrer ! La presse américaine, presqu'à l'unanimité, applaudit aux succès des Germains ; seule, avec quelques rares *Yankees*, amis de la France, la grande masse des Irlandais, en haine de la Prusse protestante, déplorait les malheurs de notre pauvre Patrie et faisait des vœux pour le succès de ses armes. Les *Fénians*, ce groupe de la *jeune Irlande américaine*, s'attachèrent à rappeler leurs concitoyens aux vrais principes républicains qu'ils voyaient trop légèrement sacrifiés à un misérable intérêt électoral.

IX.

Hurrah for (pour la) France !

Sous l'énergique impulsion des Fénians, un comité libéral se forma à New-York, à la fin d'août. Ce comité convoqua, pour le 3 septembre, un mass-meeting appelé à voter les résolutions suivantes, qui exposaient d'une manière saisissante les droits de la France à la sympathie de l'Amérique :

1° Attendu que les *Droits de l'Homme* et les principes républicains ne sont pas d'origine allemande, mais qu'ils viennent de France, qu'ils ont été confirmés et consacrés par le sang de la France;

Il est résolu qu'il est du devoir de tout homme qui a fait de ce grand pays (l'Amérique) son pays d'adoption, de sympathiser avec la France et de se réjouir des victoires qu'elle remportera.

2° Attendu que les nations française et irlandaise ont la même origine, les mêmes aspirations et les mêmes sympathies;

Attendu que, depuis plusieurs siècles, dans les moments difficiles que l'Irlande a traversés, la France a aidé l'Irlande de son argent, de ses soldats, de ses conseils, de sa sympathie;

Il est résolu que les Irlandais de New-York se déclarent sans réserve en faveur de la France et sont prêts à l'aider en tant que le permettent les lois américaines.

3° Attendu que, quand la nation américaine, encore au berceau, cherchait à conquérir son indépendance, la France a été sa seule alliée;

Il est résolu que les citoyens américains natifs ou naturalisés n'oublieront jamais, et les marins de Rochambeau et les soldats de Lafayette, et que leur liberté a reçu sa consécration dans ce Paris même, menacé aujourd'hui par les armées allemandes.

4° Attendu que les Allemands et surtout les Hessois ont cherché à écraser la nation irlandaise, en 1798, et, par leurs services mercenaires, par leurs soldats vendus, ont voulu opprimer le pays adoptif de la nation irlandaise pendant la grande révolution américaine;

Il est résolu que nous refusons à la Prusse toute espèce d'appui et de sympathie, et que nous la tenons pour responsable des torts qu'ont faits à la nation irlandaise ses soldats mercenaires.

Vive la France! Vive Mac-Mahon!

. . . .

5° Attendu que les citoyens allemands de

New-York, avec lesquels nous sommes, malgré la guerre, en bonne amitié, ont envoyé à l'Allemagne de l'argent pour secourir les blessés, les veuves et les orphelins de leur pays ;

Il est résolu que les Irlandais, se joignant aux Français de New-York, formeront un comité de secours pour les blessés, les veuves et les orphelins qui souffrent de la guerre actuelle ;

Qu'une grande démonstration avec les drapeaux américain, irlandais et français traversera les rues de New-York pour se rendre à un parc des environs, où aura lieu un grand festival dont le produit sera remis au comité ;

Que les présidents de toutes les sociétés françaises, irlandaises, religieuses, politiques, patriotiques ou de tempérance, sont invités à y assister avec leurs bannières et leurs corps de musique...

Cet appel, comme nous le verrons plus loin, trouva un écho, à New-York comme dans le reste de l'Union, après la proclamation de la République en France.

X.

Après Sedan.

« A New-York, dit le *Messager*, après l'annonce de la nouvelle fatale à nos armes, les débits de *lager beer* se remplissaient d'une foule de consommateurs (allemands, cela va dire) ; les Français étaient en proie au désespoir le plus profond ; des cortéges s'improvisaient, le drapeau prussien se hissait partout où il pouvait se rencontrer ; les renégats des ex-républiques de Hambourg et de Brême pavoisaient leurs nombreux bâtiments ancrés dans l'Hudson de toutes les couleurs imaginables ; enfin, dans la soirée, des illuminations nombreuses, des fusées et des chandelles romaines témoignaient de la joie de la population germanique..... »

« Dans les autres villes de l'Union, la joie des Allemands n'a pas été moins bruyante et moins expansive qu'à New-York. A Washington, les Prussiens sont allés donner une sérénade à M. de Gérolt (l'ambassadeur)... »

« Cette joie est bien pardonnable. Les enfants des vaincus de Valmy et d'Iéna ne s'attendaient guère à pénétrer en France, même au prix d'épouvantables hécatombes ; ils ne pensaient pas qu'un gouvernement inepte leur offrirait vingt occasions de vaincre, malgré le courage des soldats français ; ils n'espéraient pas surtout que le misérable chargé de défendre l'honneur de la France s'empresserait de déposer son épée aux pieds de leur roi, quand il avait encore une vaillante armée pour se défendre. »

« Les Prussiens se souviennent d'être allés à Paris en 1814 et en 1815, mais ils étaient alors en compagnie de toute l'Europe. Alexandre de Russie et Wellington marchaient devant eux. »

Cette citation peint fidèlement l'état d'exaltation des Allemands dans toute l'Union. Chaque ville où l'élément teuton était en nombre fut pavoisée pendant de longs mois de flammes prussiennes décorant le milieu des rues par d'immenses banderolles, indépendamment des drapeaux émergeant des maisons particulières. On pouvait se croire, non dans des cités de la grande république américaine, mais dans des villes soumises au sceptre du roi Guillaume.

Trop souvent, les démonstrations allemandes n'étaient rien moins qu'empreintes de sentiments nobles ou généreux. Ainsi, dans une procession où, le 4 septembre, douze ou quinze mille Germains célébraient, à Saint-Louis, l'union de la Patrie allemande, on promena à travers la ville, au centre de la démonstration, un char sur lequel figuraient deux Prussiens représentant, l'un le roi Guillaume avec le casque pointu, l'autre l'Homme de Sedan avec le képi et le pantalon rouge. Le premier tenait par une chaîne le sosie du capitulard, et, de temps en temps, lui administrait un vigoureux coup de pied, aux applaudissements des Gallophobes placés des deux côtés, sur le trottoir des rues traversées par l'imposante procession.

La presse américaine, tout en exaltant le courage héroïque de nos infortunés soldats, se prononça en grande partie pour une lâche soumission au vainqueur et conseilla d'accepter ses conditions de paix, quelque dures qu'elles pussent être.

Le croira-t-on? Le *Courrier des Etats-Unis*, cette feuille bonapartiste qui, en juillet, avait embouché si bruyamment la trompette guerrière, le *Courrier* adopta les conclusions lâches, honteuses des journaux germanophiles.

« C'en est fait, dit-il, le 5 septembre. La France est frappée au cœur. Un mois a suffi pour paralyser, sinon pour anéantir les forces vives d'une des plus grandes, des plus nobles puissances de la terre, et du même coup déplacer l'axe politique du monde.

» Il se peut que le peuple de Paris, que les commandants des places assiégées, que tous les cœurs virils qui ont la main à la hampe du drapeau refusent de l'abaisser et veuillent se faire tuer plutôt que de laisser planter les couleurs prussiennes sur les remparts où ils veillent; mais il ne se trouvera pas un *parti politique qui veuille jouer sur cette carte sanglante l'avenir ouvert devant lui* (1).

---

(1) Le *Courrier* disait vrai pour les factions monarchiques. Aucune ne voulut alors jouer l'avenir ouvert

» La lutte désormais n'est plus entre les forces matérielles des peuples ; elle est entre leur développement moral, entre leur civilisation et leurs libertés. A ce titre, la France, MÊME MUTILEE, si elle doit l'être, restera encore, nous l'espérons, la grande nation initiatrice et glorieuse... »

Ainsi, avant même d'avoir connu la chute de l'Empire, le *Courrier*, en digne journal monarchique et conservateur, au moment où aucune de nos places n'avait dû capituler, quand Bazaine commandait à Metz, frais, intacts, plus de 150,000 hommes, l'élite de notre armée, quand, partout, la France frémissante courait aux armes, le *Courrier* se résignait à la mutilation de notre territoire, était disposé à l'abandon de l'Alsace et de la Lorraine. Quelle honte !

XI.

Réquisitoire.

L'avènement de la République était inévitable après Sedan. Depuis un mois, les principaux organes américains avaient annoncé sa proclamation à brève échéance. Qui donc aurait voulu voir plus longtemps entre les mains des Mamelucks de l'Empire le drapeau vénéré de la chère France ?

---

devant elle. On laissa la République recueillir l'héritage ruiné ; on ne lui disputa pas le funèbre honneur de réparer les désastres accumulés par l'Empire et ses séides de haut et de bas étage, de faire, en un mot, la liquidation lamentable.

Maintenant qu'elle a guéri les plaies et *fait le lit*, les prétendants faméliques et leurs bandes, acharnés à la proie, accourent, haletants, pour s'y fourrer. *Proh pudor* !

Le réquisitoire suivant, adopté dans un mass-meeting, à la Nouvelle-Orléans, par les résidents français, formule la pensée de nos nationaux établis dans le Nouveau-Monde.

AUX AMIS DE LA RÉPUBLIQUE !

« La France est trahie par l'Empire pour lequel elle avait tout fait et auquel elle s'était abandonnée avec tant de confiance.

Napoléon a détruit toutes les libertés ;

Il n'a fondé que le despotisme ;

Il n'a cessé d'entreprendre, sans but et sans motifs, des guerres injustes ;

Il a fait l'expédition du Mexique pour attaquer la liberté jusque dans son asile inviolable, sur le sol sacré des Etats-Unis ;

Il a voulu rendre le nom français odieux aux Américains et aux nations européennes ;

Il a dévoré les richesses de la nation ;

Il a détruit les soldats de la Patrie ;

En les livrant à l'ennemi, sans défense, ils ont été condamnés à périr ;

Chaque famille est en deuil ;

La France gémit ; la Patrie est frappée de stupeur ;

Jamais on ne vit de plus grands désastres !

Tels furent les fruits du despotisme.

La déchéance de Napoléon est un acte de justice nationale :

Elle sépare le peuple de l'Empire ;

Elle réconcilie la France et l'Amérique.

A l'Empire qui n'inspirait aux peuples que la terreur ou la haine, succède la République qui leur inspire la concorde, la paix, la fraternité universelles ;

La République avec les principes de l'indépendance américaine et la constitution de 1793 ;

La République sanctifiée par de longues épreuves et toujours invoquée par les vrais patriotes et les sages de tous les pays.

C'est la République qui, seule, peut ramener

la confiance et assurer l'indépendance des nations ;

Les frontières des Etats seront plus respectées par la justice de la République que par les armées d'un Bonaparte.

. . . .

Rappelons-nous ces belles paroles du grand républicain Carnot : « Mon cœur me dit que la liberté est possible, que le régime en est facile et plus stable qu'aucun gouvernement arbitraire, qu'aucune oligarchie... »

La République des Etats-Unis est la démonstration évidente de ces principes.

Il n'exista jamais de gouvernement plus grand et plus solide, parce qu'il n'est fondé que sur l'amour et la volonté libre des citoyens.

. . . .

Que la France, débarrassée de son tyran, soit libre et glorieuse ; qu'aux alarmes et à toutes les haines causées par le despotisme impérial succèdent la confiance et la paix !

Que la République française soit perpétuelle; et que l'amour de tous les peuples soit cimenté par une fraternité universelle !

Vive la République ! »

XII.

Salut à la République française.

« A New-York, dit le *Messager*, le maire de la ville, informé par le maire de Paris de la proclamation de la République, fit pavoiser immédiatement en l'honneur de ce grand événement le *City Hall*, des couleurs nationales de l'Union. »

« L'impression sur les masses populaires fut beaucoup moins vive et générale qu'en 1848, vu qu'il n'y avait pas de surprise : on attendait la chute de l'Empire depuis plusieurs semaines. D'autre part, les Allemands qui étaient au nombre des plus bruyants admirateurs de la Révolution de février, voyaient arriver avec dépit la République en face des légions victorieuses de leur pays natal, et leur froideur se communiqua aux journaux américains uniquement préoccupés de flatter les électeurs teutons. »

Parmi les Français, l'enthousiasme fut à peu près universel. De toutes parts, on envoya de brûlantes adresses au gouvernement provisoire. Citons les plus caractéristiques.

NEW-YORK.

Citoyens, membres du gouvernement provisoire,

Les Français d'Amérique vous saluent !

Aujourd'hui comme en 1792, c'est l'heure des mâles vertus ! Chassez l'envahisseur, sauvez la France, consolidez la République que vous venez de proclamer.

A vous toutes nos sympathies et à la France tout notre sang !

Les volontaires vont partir.

Salut et fraternité !

Le Comité de l'*Union républicaine.*

CINCINNATI.

Aux membres du gouvernement provisoire de France.

Citoyens,

Les Français de Cincinnati vous adressent leurs sincères félicitations. Ils sont avec vous de cœur et d'âme.

Salut à vous qui avez mis fin au despotisme honteux qui mettait notre Patrie aux pieds d'un parjure !

Salut à la République comme à l'aurore d'un

avenir meilleur, comme à un premier pas vers la fraternité universelle !

Puisse-t-elle servir d'exemple au monde entier, et que le sang généreux versé fertilise les idées émancipatrices des peuples !

Salut et fraternité !

SAN-FRANCISCO.

Aux membres du gouvernement de la Défense nationale.

Les Français de Californie vous admirent ; ils ont foi en vous ; sauvez la France.

A ces adresses, émanées de compatriotes, joignons quelques télégrammes envoyés à Paris par des étrangers.

PHILADELPHIE, le 7 septembre.

Au citoyen Jules Favre.

Salut, nouvelle République européenne ! Les Irlandais d'Amérique sont avec vous. Trois cent mille hommes de notre race en Pennsylvanie se prononcent pour le républicanisme universel. Vous avez les sympathies de l'Amérique.

JOHN M. MORIARTY,
Président de l'Association irlandaise.

Un groupe important intitulé la *Nouvelle Démocratie* d'Amérique, publia à New-York, le 6 septembre, une adresse dont voici la conclusion :

« Nous espérons et nous croyons que la chute de la dynastie napoléonienne sera l'aurore de la République, de la fraternité et du *selfgovernment* pour les peuples de l'Europe et de l'Amérique. »

A son tour, le comité exécutif irlando-américain, à New-York, convoqua pour le 10 septembre le mass-meeting qui devait se réunir le 3 de ce mois (voir chapitre IX). Cette réunion fut une des plus grandes manifestations qu'on eût vues depuis de longues années dans cette ville. Plusieurs orateurs, entre autres le général Mac-Mahon, ancien ministre au Paraguay, le général Ryan et Daniel R. Liddy, parlèrent en faveur de la France. Le langage de Liddy fut tellement virulent à l'adresse du roi Guillaume que le consul général de l'Allemagne du Nord crut devoir protester. On adopta à l'unanimité des résolutions favorables à la France, résolutions dont voici quelques extraits :

« Comme Irlandais par le sang, comme citoyens de cette République démocratique, nous saluons avec plaisir et orgueil l'établissement d'un gouvernement républicain chez notre ami et allié héréditaire, le peuple de France.

» Nous saluons la République française comme le pionnier qui doit guider tous les peuples de l'Europe à la conquête de la liberté républicaine et nous lui promettons notre cordiale sympathie et notre appui moral.

. . . .

» Dans la lutte entre la France républicaine et la Prusse monarchique, nous ne pouvons balancer à exprimer toute notre sympathie pour la République et nous souhaitons sincèrement la défaite et la chute de ses ennemis.

» Au nom du progrès et de la République universelle, nous engageons le peuple allemand à rejeter le joug de la royauté et à couronner ses succès matériels par une victoire morale bien plus importante encore, en s'érigeant lui-même en République.

» Nous promettons au président Grant notre concours cordial dans toute tentative sage de médiation en faveur d'une paix prompte et honorable, qui assurerait le triomphe des Français et l'ascendant des idées républicaines en Europe... »

Hélas! ce noble et généreux apppel ne trouva presqu'aucun écho chez des citoyens uniquement préoccupés de leurs intérêts électoraux.

XIII.

Les Politiciens américains et la République française.

Le Président Grant, l'élu des radicaux, parmi lesquels les Allemands formaient une phalange considérable, affrontera-t-il le mécontentement de ses mandants tudesques, en reconnaissant officiellement la République française? Telle fut la question poignante que se posèrent à tout instant nos nationaux, en voyant quarante-huit heures s'écouler sans que l'Union saluât notre nouvelle République. On sait aujourd'hui que le président Grant, en villégiature à *Long Branch*, ne tint aucun compte des hésitations du secrétaire d'Etat, M. Fisch, et invita, par une dépêche du câble, M. Washburne, l'ambassadeur américain à Paris, à reconnaître le nouveau gouvernement français.

Cet acte du chef de l'Etat amena momentanément une espèce de révolution dans les deux partis politiques de l'Union. Les démocrates irlandais, jusqu'alors hostiles à l'élu du parti radical, accordèrent de chaleureux éloges au général Grant, pendant que les Allemands manifestaient hautement leur mécontentement ; malheureusement, tout se borna à de vaines et passagères déclamations. Les Irlandais catholiques étaient trop fortement inféodés au parti esclavagiste pour rompre avec lui et se ranger carrément autour du Président; quant aux Allemands, ils dictèrent sans ambages leurs conditions aux Américains, et, pour conserver leur concours, les Yankees radicaux durent abandonner à son destin la pauvre France. Pour colorer d'un prétexte cette capitulation étrange, ils mirent en avant le sophisme que voici :

Il est vrai que la France est aujourd'hui en République, mais c'est l'œuvre unique de Paris et des grandes villes qui, lors du vote du plébiscite, ont prouvé leur clairvoyante aversion pour la tyrannie de Napoléon; mais les 7,200,000 électeurs qui, le 8 mai, ont voté *oui* avec enthousiasme n'étaient certes pas républicains. Trois mois passés, et l'invasion prussienne ont-ils pu opérer la conversion de bonapartistes fanatiques en démocrates dignes de notre sollicitude ? Non, certes. Au reste, la France est un pays catholique peuplé par la race latine ; or, les peuples catholiques sont voués forcément, par leur éducation et leurs habitudes, au servage. Voyez les républiques catholiques de notre continent, le Mexique, etc...

Le *World* (Monde), de New-York, fit justice, en ces termes, de ces arguties :

« Il est difficile de voir exactement pourquoi la République, chose latine, exprimée par un mot latin, serait impossible chez un peuple de race latine... Nous pouvons voir que la République convient au peuple français dans les circonstances où il a les plus grandes œuvres de sa vie nationale à accomplir. Du chaos et des ruines de l'ancienne monarchie, il y a quatre-vingts ans, la République a fait sortir la victoire et une nouvelle histoire nationale pour la France. Aujourd'hui même, après l'épouvantable catastrophe du second Empire, la République semble être sur le point d'enfanter la victoire et d'inaugurer une nouvelle et plus noble phase dans la vie de ce grand et vaillant peuple... »

XIV.

Les Prétentions de la Prusse en Septembre 1870.

Comme l'oncle à Waterloo, le neveu n'avait pas su mourir à Sedan. Il s'était rendu lâchement, et, avec son épée, avait livré 80,000 hommes. Tout était perdu, *même l'honneur*. Plus de soldats pour disputer le chemin de Paris à l'ennemi victorieux : telle était la situation lamentable faite à la Patrie par les monarchistes quand la dynastie napoléonienne disparut, sans lutte, sous les huées universelles.

Le nouveau gouvernement, composé des opposants à cette guerre insensée était à peine installé dans la capitale que déjà le Prussien, exalté par ses rapides succès, accourut pour assiéger la grande cité. Que devaient faire alors les hommes qui avaient accepté la tâche effrayante de liquider la faillite de l'Empire et de défendre l'honneur et l'intégrité du sol de la France ? Fallait-il se coucher à plat ventre devant le roi Guillaume et lui dire :

Vous le savez, Sire, l'Europe et le monde

entier savent que nous étions opposés à cette guerre fatale que nous avons repoussée par nos discours et nos votes. Nos avis, hélas ! n'ont pas prévalu. On a tiré l'épée malgré nos protestations, pourtant si énergiques. Aujourd'hui, la France vaincue accepte une humiliation peut-être méritée, et par notre voix, fait un appel pressant à votre magnanimité. Retirez, Sire, vos soldats des départements qu'ils occupent. En considération de l'héroïsme que déploient dans leur défense Strasbourg, Bitche, Phalsbourg, Metz, etc., laissez-nous ces boulevards de la France. Veuillez vous contenter, Sire, de la gloire acquise, de l'Allemagne unifiée sous votre sceptre, grâce à cette guerre néfaste, et de telle indemnité pécuniaire qu'il vous plaira de fixer.

Un pareil langage eût arraché des cris de colère aux patriotes indignés, et cependant le roi Guillaume, au lendemain du 4 septembre, était loin de vouloir accepter des propositions excluant la mutilation du sol français. Lisons, pour connaître les exigences du vainqueur, lisons les télégrammes et, plus loin, les pièces officielles que le câble vint mettre successivement sous les yeux du public américain.

Une dépêche de Londres, en date du 6 septembre, résumant un nouvel article (voir chapitre VII) de l'organe des conservateurs anglais, dit :

« Le *Times* est d'avis que la République hérite de la guerre et de ses conséquences. La Prusse est prête à faire la paix moyennant la cession de Metz, de l'Alsace et de la Lorraine allemande. Il ajoute que la France ne saurait espérer de meilleures conditions et que si elle refuse de les accepter la République périra, parce que les Français sont plus jaloux de leur gloire militaire que disposés à reconnaître les réclamations *justes et bien fondées* (sic) des autres peuples... »

Après les assertions de la feuille des réactionnaires anglais, lisons ce télégramme significatif, daté de Berlin, le 8 septembre :

« La partie de la Lorraine, maintenant entre les mains des Prussiens ainsi que toute l'Alsace, voilà probablement le territoire qu'on exigera comme indemnité à la Prusse.

La frontière commencerait à Esch, près de Luxembourg ; elle passerait à dix milles à l'ouest de la rive gauche de la Moselle en suivant les sinuosités de cette rivière qu'elle traverserait à Curnay, à moitié chemin de Metz et de Pont-à-Mousson. Elle suivrait ensuite le cours de la Moselle jusqu'à son confluent avec la Meurthe, puis s'avancerait jusqu'à la source de cette dernière rivière en restant à dix milles de sa rive droite. La frontière sud-ouest serait formée par les limites actuelles du Haut-Rhin et du Bas-Rhin.

Ce territoire comprendrait *toute l'Alsace* et, en Lorraine, les villes de Metz, Thionville, Sarreguemines, Sarrebourg, Château-Salins, Phalsbourg, Bitche, Wissembourg, etc., etc. »

Ce sinistre télégramme qui trace la frontière imposée en 1871 était confirmé, quelques jours après, le 13 septembre, par cette autre dépêche datée de Munich :

« La Prusse a informé officiellement la Bavière de son intention d'annexer à l'Allemagne une partie de la France comme frontière militaire... »

Enfin voici le texte d'un autre télégramme daté de Londres, le 22 septembre :

« Les *Feuilles officielles* du gouvernement de l'Alsace et de la Lorraine, journal publié par ordre du gouvernement prussien, en allemand et en français, à Haguenau (Bas-Rhin), s'occupe dans son premier numéro de l'annexion de l'Alsace et de la Lorraine à l'Allemagne.

Il est d'avis que ces deux provinces sont allemandes déjà par le langage, les manières et les idées. Il en conclut qu'elles doivent être trop heureuses de se séparer de la France (1) infidèle (?) et socialiste. »

Après les déclarations officieuses, voyons les textes officiels, cherchons la vérité dans le langage alambiqué des déclarations diplomatiques.

XV.

Exigences avouées officiellement.

Dans sa circulaire aux représentants diplomatiques de l'Allemagne du Nord, datée de Meaux, le vendredi 16 septembre 1870, M. de Bismarck formule les prétentions de la Prusse, en ces termes :

« Les voix unanimes des gouvernements et du peuple allemand demandent que l'Allemagne soit protégée par de meilleures frontières que celles que nous avons eues jusqu'à présent, contre les dangers et les violences que nous avons endurés depuis des siècles de la part de tous les gouvernements français. Aussi longtemps que la France restera en possession de Strasbourg et de Metz, aussi longtemps sa force offensive sera stratégiquement plus forte que

(1) Voir plus loin, chapitre XXI, la réfutation de cette affirmation erronée, par le vote même, le 10 février 1871, des populations menacées de l'annexion.

notre force défensive, en ce qui regarde, du moins, les Etats de l'Allemagne du Sud et de l'Allemagne du Nord, sur la rive gauche du Rhin. Strasbourg possédé par les Français est une porte grand'ouverte pour une attaque contre l'Allemagne du Sud. Dans les mains de l'Allemagne, Strasbourg et Metz prennent un caractère défensif... »

Dans une nouvelle circulaire aux représentants diplomatiques de la Prusse, datée de Ferrières, le 1er octobre, M. de Bismarck essaie de justifier, par des chiffres, les prétentions léonines énoncées le 16 septembre, et, par là même, justifie le cri d'indignation poussé par le gouvernement de la Défense nationale, après l'entrevue du chancelier d'Allemagne et de Jules Favre.

« La cession de Strasbourg et de Metz, dit-il, implique une réduction de territoire égale en étendue à l'augmentation qui résulte de l'annexion de Nice et de la Savoie. La population de ces deux provinces cédées par l'Italie était environ de 750,000 habitants. Quand on considère que, d'après les derniers recensements, la France, sans l'Algérie, qui maintenant fournit des forces considérables à l'armée française, compte 42 millions d'âmes, il est évident qu'une diminution de 750,000 habitants n'enlève rien à la puissance de la France vis-à-vis des pays étrangers... »

Ainsi, au lendemain de la proclamation de la République, le 16 septembre, M. de Bismarck exigeait qu'on lui remît Metz et Strasbourg, les boulevards de la France; Metz et Strasbourg qui saignaient pour la chère Patrie; que dis-je! il demandait qu'on lui livrât l'honneur de la nation. Lisez, Français, lisez, sans frémir, si vous le pouvez, ce cri de colère et de désespoir poussé par le gouvernement de la Défense nationale.

XVI.

Sauvons l'Honneur!

Après l'entrevue de Jules Favre et de M. de Bismarck, on afficha dans les départements non envahis la pièce suivante :

Tours, 24 septembre 1870.

PROCLAMATION A LA FRANCE.

Jules Favre a voulu voir le comte de Bismarck avant le siège de Paris, pour connaître les intentions de l'ennemi.

Voici quelles ont été les déclarations de l'ennemi :

La Prusse désire continuer la guerre, afin de réduire la France à la condition d'une puissance de second ordre.

La Prusse demande l'Alsace et la Lorraine, jusqu'à Metz, par droit de conquête.

La Prusse, AVANT DE CONSENTIR A UN ARMISTICE, demande la reddition de Strasbourg (1), de Toul et du Mont-Valérien.

Paris est exaspéré ; il s'enterrera sous les ruines plutôt que de capituler.

A de si violentes prétentions, nous ne pouvons répondre qu'en résistant jusqu'à la dernière extrémité.

La France accepte la lutte et elle compte sur ses enfants.

CRÉMIEUX, GLAIS-BIZOIN, FOURRICHON.

---

(1) « Quand les Prussiens, dit le *Messager* du 22 août, ont sommé Strasbourg de se rendre, le peuple de cette ville héroïque a répondu : JAMAIS !

JAMAIS ! voilà le mot qui doit retentir maintenant dans toute la France. Jamais ! voilà la parole sublime que les Parisiens doivent répéter, s'ils ont autant de cœur que leurs frères d'Alsace.

Non, Paris ne se rendra pas ; non, la France ne capitulera jamais ; la France n'entamera pas de négociations tant qu'un soldat prussien foulera son territoire... »

Ainsi, pour la seule concession d'un armistice, nous devions ouvrir nous-mêmes à l'ennemi les portes de Strasbourg et de Toul en feu. C'est encore nous qui devions livrer Paris en introduisant le Prussien au Mont-Valérien, et cela quand le vainqueur avait déjà fait connaître ses exigences, quand nous savions qu'il demandait l'écartèlement de la Patrie. Un pareil suicide était-il possible, nous le demandons à tout homme dans la poitrine duquel bat un cœur français? Non, mille fois non! M. de Bismarck le savait bien. Dans le désir de satisfaire, par la continuation de la guerre, les appétits rapaces des Germains, il avait demandé l'impossible, — le DÉSHONNEUR. Il voulait qu'un refus fût inévitable. Or, après la rupture des négociations, était-il juste, loyal, de convoquer une assemblée où n'auraient pas figuré les représentants des départements envahis? Etait-il généreux de faire statuer, par les mandataires d'une portion de la France, sur le sort des départements convoités par l'ennemi, sur le sort des villes assiégées? Encore non. Le gouvernement de la Défense nationale prit donc le seul parti possible. Il eut foi en la France. Il crut que les exigences révoltantes du Prussien exalteraient jusqu'au délire la colère de la nation et enfanteraient les miracles de 1793. Hélas! il oubliait qu'après 1789 trois années de liberté avaient fomenté, excité les mâles vertus du patriotisme, avaient fait surgir partout des hommes énergiques, tandis qu'en 1870, vingt années de bas-empire avaient semé partout un virus mortel aux résolutions héroïques. Et dire qu'aujourd'hui les Eunuques de l'Empire sortent de leur retraite et aspirent de nouveau à l'honneur de diriger la nation! Quelle pitié!

XVII.

Protestations allemandes.

En assurant « que les voix unanimes des gouvernements et du peuple allemand demandaient l'annexion à la Prusse de la Lorraine et de l'Alsace », M. de Bismarck oubliait sciemment les républicains germains, dont la pensée était tout autre. En effet, une dépêche du câble, datée de Berlin, 12 septembre, s'exprimait ainsi :

« La nouvelle de la proclamation de la République française a opéré ici un revirement dans l'opinion publique.

Ce mouvement de la France vers des institutions libérales obtient les sympathies du parti républicain allemand, dont l'influence contribuera à modifier les conditions de la paix.

Une proposition assurant la destruction de toutes les forteresses de la frontière, de Paris, et le remboursement des dépenses de guerre, sans aucune concession de territoire, est considérée par ce parti comme suffisante pour satisfaire l'honneur allemand et assurer la paix future de l'Allemagne… »

« Les chefs du parti libéral, disent d'autres dépêches, par l'organe de leurs représentants à Berlin, viennent de protester contre l'adresse de félicitations qui a été remise au roi Guillaume, il y a quelques jours.

Dans cette protestation, les libéraux déclarent qu'un agrandissement territorial, au moyen de la guerre et de la force brutale, n'est pas une garantie suffisante de la paix, de la moralité et de la liberté intérieure du pays. Ils rappellent au roi que la véritable base du bien-être de la Patrie, et la seule qui puisse fonder solidement la Confédération allemande, est un système politique comprenant la réduction des impôts, la diminution du temps du service militaire, une augmentation des crédits pour l'instruction publique, et l'allocation de fonds suffisants pour venir en aide aux femmes et aux enfants des hommes massacrés pendant la guerre actuelle... »

Pour réduire au silence les républicains d'Allemagne, les gouvernements ne trouvèrent rien de plus commode que de faire jeter en prison, sans jugement, les démocrates les plus influents, les principaux auteurs de propositions de paix acceptables par la France.

Avant leur incarcération, les membres du *Comité démocratique des ouvriers allemands* avaient publié un manifeste dont voici les principaux passages :

A TOUS LES OUVRIERS ALLEMANDS.

Une situation nouvelle, inattendue, vient de se produire. Napoléon est entre nos mains ; la République est proclamée à Paris... Après avoir subi pendant vingt ans le joug ignoble du second Empire, le peuple français s'est réveillé dans une heure de suprême douleur et a repris en main la direction de ses destinées.

Un hourrah à la République française !

Avec ce nouvel état de choses, la fin de la guerre nous paraît certaine...

Le nouveau gouvernement de la France cherchera à faire la paix avec le peuple allemand.

Est-ce que c'est le peuple français qui nous a déclaré la guerre ?

Non ! c est Napoléon.

L'Allemagne a délivré la France de cet homme et la France a rompu avec lui.

Mais une grande nation ne saurait se résigner à voir l'ennemi sur son territoire.

C'est ce qui explique l'enthousiasme du peuple allemand lorsqu'il s'est agi de repousser une agression contre le sol et l'indépendance de sa Patrie...

C'est le devoir du peuple allemand, c'est son intérêt d'offrir une paix honorable à la République française, car une paix honteuse ne serait qu'un armistice qui cesserait le jour où la France, ayant recouvré ses forces, voudrait laver l'injure qu'elle aurait subie.

C'est surtout aux travailleurs allemands, qui ne voient que des frères dans les ouvriers français, qu'il appartient de réclamer cette paix avec la République française !

Les ouvriers allemands déclarent donc qu'ils ne souffriront pas qu'on insulte le peuple français, aujourd'hui qu'il s'est délivré de celui qui, seul, a troublé l'harmonie des deux peuples.

Mais on nous dit : Il faudrait au moins que la France nous fît l'abandon de la Lorraine et de l'Alsace. La camarilla militaire soutient qu'on obtiendrait seulement ainsi le moyen de supprimer à jamais la guerre entre la France et l'Allemagne.

C'est là une erreur qui entraînerait un résultat diamétralement opposé, en transformant la guerre actuelle en une conflagration européenne. Cette solution aurait en outre l'inconvénient de *perpétuer le despotisme militaire* dans l'Allemagne régénérée.

Nous protestons, en conséquence, contre l'annexion de l'Alsace et de la Lorraine ; nous protestons au nom du Comité démocratique allemand. Et nous savons que tous les travailleurs allemands pensent comme nous.

Et maintenant, camarades, ouvriers allemands ! la main sur la conscience, jurons d'accomplir notre rôle en pensant que *notre union n'existera pas uniquement dans la caserne prussienne.*

Considérons la République française comme l'aurore de la liberté allemande et crions :

Vive la République !

Brunswig-Wolfenbüttel, 5 septembre 1870.

(*Traduction*).

Plusieurs patriotes allemands, entre autres le célèbre naturaliste, M. Vogt, dans la *Gazette de Francfort*, Louis Simon (de Trèves), etc., firent entendre d'énergiques mais d'inutiles protestations contre la mutilation du territoire français. Nombre de journaux américains formulèrent également un blâme sévère contre les exigences prussiennes, blâme que résume assez exactement l'extrait suivant du *Standard*, de Londres :

... « M. de Bismarck a commis une grande erreur en traitant le gouvernement provisoire avec hauteur et dédain. Il aurait dû voir en lui son meilleur auxiliaire pour terminer favorablement la guerre. *Aucun gouvernement en France ou ailleurs ne peut consentir à une paix de cette nature*. La conquête de la France est hors de question. L'occupation de la France est possible si l'Allemagne peut maintenir son armée. La fortune est avec la Prusse aujourd'hui ; elle peut être avec la France demain. Si la Prusse avait demandé seulement que les forteresses fussent rasées, tout le monde aurait applaudi. Ce refus d'accorder un armistice est un suicide politique. La France battue, mais non vaincue, excite les sympathies du monde entier... »

XVIII.

Manifestations de Saint-Louis.

Dès que fut connue la proclamation de la République à Paris, la section de l'*Union républicaine* de Saint-Louis (Missouri) convoqua, pour le 7 septembre, un mass-meeting, afin de saluer le nouveau gouvernement. Plusieurs milliers de citoyens vinrent entendre divers orateurs, après que l'assemblée eut voté une adresse rédigée et lue par le citoyen J.-B. Ravold, adresse dont voici quelques fragments :

AUX AMIS DE LA LIBERTÉ ET DE LA RÉPUBLIQUE UNIVERSELLE.

« Les peuples sont pour nous des frères
« Et les tyrans des ennemis.

Pierre DUPONT.
(Chant des Soldats).

Citoyens,

Aussi longtemps que la guerre infâme entreprise « d'un cœur léger » (1) pour « des susceptibilités » (2) n'a eu pour objet qu'une question dynastique, les républicains de Saint-Louis, joignant leurs protestations et leurs anathèmes à ceux de la gauche du Corps législatif, ont dû suivre silencieusement, le cœur brisé, le drame lamentable qui, à Sedan, a terminé la carrière du triste héros de Strasbourg, de Boulogne et du Deux Décembre.

La proclamation de la République a mis enfin un terme à ce douloureux état de choses. Encore une fois notre glorieux Paris, par l'union de toutes les classes, ouvriers, commerçants et soldats, a brisé, sans effusion de sang, le joug de fer qui depuis dix-huit ans pesait sur notre pauvre Patrie. Hélas ! c'est au milieu des douleurs de l'invasion, c'est au moment où son sang coule par tous les pores que la France reprend « les glorieuses traditions interrompues brutalement par le 18 brumaire et le 2 décembre. » (3).

Après avoir payé un tribut de reconnaissance à Paris et rendu hommage à la

(1) Emile Olivier. — (2) Thiers. — (3) Kératry, préfet de police.

République américaine ; après avoir évoqué le souvenir du 13 juin 1849, où 34 représentants s'immolèrent pour protester contre l'assassinat de la République romaine ; après avoir cité *de Flotte*, l'un des *Mille* de Marsala, mort aux côtés de Garibaldi, l'adresse continua en ces termes :

« L'Allemagne démocratique ne restera pas sourde à l'appel des ouvriers de Paris. Peut-elle oublier qu'en 1848-49 et 50 nous avons souffert des mêmes douleurs, pleuré les mêmes martyrs, gémi pour la même cause dans les cachots de Doullens, de Rastadt, de Belle-Isle, etc. Peut-elle oublier que l'Alsace a vu ses généreux représentants s'offrir en holocauste pour protester contre l'immolation des républiques allemande et romaine.

» En souvenir de nos souffrances communes dans le passé, nous espérons, républicains allemands de Saint-Louis, que vous assisterez tous à la fête fraternelle que nous célébrerons le 18 septembre, en réjouissance de la proclamation de la République à Paris.

» Vous y viendrez aussi, généreux Américains ; vous, citoyens italiens, espagnols, hongrois ; vous, fils de l'Irlande qui soupirez après la liberté... vous qui unissez vos larmes aux nôtres pour pleurer le soldat infortuné tombé glorieusement sur le champ d'honneur, notre *commun* Mac-Mahon !...

» Vive la France ! Vive la République universelle ! Vivent les Etats-Unis d'Europe et d'Amérique ! »

Le comité chargé de l'organisation de la fête du 18 ne fut pas sans éprouver de vives appréhensions. En effet, dans les 350,000 habitants de Saint-Louis on comptait tout au plus un millier de Français. Restait à savoir si les autres nationalités, surtout les Irlandais, répondraient à un appel fait par des républicains. Quelle honte si, après la gigantesque démonstration des Allemands, le 4 septembre (voir chap. X), on aboutissait à un misérable *fiasco*.

Le succès dépassa l'attente des plus optimistes. A l'heure indiquée, plus de six mille citoyens endimanchés, décorés de rubans tricolores et portant de nombreux drapeaux de toutes les nationalités, mais principalement des drapeaux francais, américains et irlandais, traversèrent en longues files les principales rues de la ville, aux accents de la *Marseillaise*, jouée par cinq ou six bandes de musique et aux applaudissements de milliers de spectateurs postés des deux côtés, sur le trottoir, le long du parcours de la démonstration. Au *Park*, lieu du rendez-vous pour la fête, on comptait dix mille personnes au moins. Cinq à six cents citoyens chantèrent en chœur la *Marseillaise*, au bruit des salves du canon. L'enthousiasme des Irlando-Américains était au comble. De nombreux discours furent prononcés en l'honneur de la République nouvelle. Tous préconisaient la France, montraient le grand rôle qu'elle avait joué dans le passé et qui lui était réservé encore dans l'avenir.

Le succès de cette imposante manifestation détermina les dames françaises à établir, à l'imitation des matrones allemandes, un bazar national dont les objets devaient être vendus au profit de la France. On eut bientôt réuni un beau stock de marchandises riches et variées. La jeunesse irlando-américaine organisa, pour la soirée de l'inauguration du bazar, une procession aux flambeaux qui devait traverser les grandes rues de Saint-Louis et, par de nombreux transparents destinés à figurer dans les rangs, placer sous les yeux des renégats républicains allemands des *mottos* (devises démocratiques) (1) empruntées en partie à leurs grands patriotes nationaux. Pour la seconde fois, six mille citoyens, aux grondements du canon, à la lueur de milliers de fusées qui sillonnaient les airs et de nombreux feux de bengale, etc., exécutèrent le programme arrêté, aux applaudissements et aux hourrahs de la foule postée partout sur le parcours de l'immense procession.

D'autres villes des Etats-Unis, Springfield, Boston, capitales de l'Illinois et du Massas-

---

(1) Voici quelques-unes de ces devises : Peuples formons une sainte alliance et donnons-nous la main (Béranger). — Les peuples sont pour nous des frères et les tyrans des ennemis (Pierre Dupont). — Salus populi suprema lex esto. — L'union fait la force. — L'histoire des rois est le martyrologe des nations (l'abbé Grégoire). — Les grands ne sont grands que parce que nous sommes à genoux : levons-nous (Prudhomme). — Les républicains sont des hommes ; les esclaves sont des enfants (*Chant du Départ*). — Le premier qui fut roi fut un soldat heureux (Voltaire). — Tant qu'il y aura une guerre en Europe, ce sera une guerre civile (Napoléon Ier). — Je vois dans un roi et ses sujets un Dieu et des millions de brutes (Le Girondin Brissot). — Toute révolution qui n'aura pas pour but d'améliorer profondément le sort du peuple n'est qu'un crime remplaçant un autre crime (Robespierre). — Bientôt les peuples s'embrasseront à la face des tyrans détrônés. La terre sera consolée, le ciel satisfait (Le Girondin Isnard). — Fiat justitia, pereat mundus (Frédéric Ier, roi de Prusse). — République allemande : liberté, instruction et bien-être pour tous (Karl Blind, 1848). — Chaque goutte de mon sang engendrera un combattant pour la liberté (Robert Blum). — La République est le gouvernement du peuple, par le peuple, pour le peuple (La Montagne de 1848). — Périssent nos colonies plutôt qu'un principe (Brissot). — La Convention nationale abolit l'esclavage du nègre et lui conféra tous les droits et titres des citoyens français (14 février 1794).

suchets, eurent d'imposantes manifestations ; mais rien ne put vaincre l'inertie préméditée du gouvernement : les élections n'étaient-elles pas imminentes ? Etait-il possible de braver impunément les Teutons, après l'acte inqualifiable de chauvinisme dont nous allons parler, acte qui fut perpétré à Saint-Louis, dans un meeting tenu à *Turner-Hall*, le 1er octobre ?

XIX.

Protestation des Lorraines et des Alsaciennes.

Au lendemain de la proclamation de la République en France, Hecker et Siegel, les chefs de l'insurrection allemande en 1849, s'étaient retirés sous la tente ; seul, le Prussien Schurtz resta sur la brèche, continuant son rôle de gallophobe. Autour de lui gravitaient quelques centaines de chauvins teutons, se disant républicains. Or, le 1er octobre, à la suite d'un meeting plus ou moins nombreux, ils adressèrent à M. de Bismarck un long et coûteux télégramme, pour l'engager à n'accorder la paix à la France qu'en échange de la Lorraine et de l'Alsace et après paiement d'une forte indemnité de guerre.

L'étonnement, la stupeur, l'indignation furent universels parmi les vrais amis de la liberté. Des femmes et des filles, nées en Alsace-Lorraine, publièrent immédiatement dans le *Times*, la *Tribune* et l'*Irisch News* de Saint-Louis, la protestation que voici :

A M. l'éditeur de... (*Traduction*).

Quand le pays natal est dans l'affliction, il est du devoir de chacun de ses enfants de protester contre toute tentative faite pour en amener la ruine.

Informées des résolutions infâmes adoptées samedi dernier au meeting de *Turner-Hall*, résolutions engageant le roi Guillaume à n'accorder la paix à la France qu'au moment où l'Alsace et la Lorraine seraient cédées à l'Allemagne comme provinces conquises, nous, enfants de l'Alsace et de la Lorraine, nous protestons énergiquement contre tout troc, vente ou cession d'une portion quelconque du sol de la France, sans le consentement exprès de la population qui l'occupe. Elevées et instruites dans l'amour de la liberté et de l'indépendance, nous avons pris l'habitude de considérer notre pays natal comme un sol sacré appartenant aux habitants qui y vivent. Nous n'avons jamais appris, il ne nous est jamais venu la pensée que ce sol pourrait être vendu ou cédé comme une ferme ordinaire, ni que ses habitants pussent être livrés comme un troupeau de bétail. En conséquence, nous vous prions, Monsieur, d'accorder une petite place dans vos colonnes à ces lignes, notre humble protestation.

(Suivent de nombreuses signatures).

XX.

Protestation de l'Union républicaine.

Exaspérée par l'impudence des coryphées se disant républicains du meeting de *Turner-*

Hall, la section de l'*Union républicaine* de Saint-Louis protesta à son tour et invita le « citoyen J.-B. Ravold, un Lorrain, à rédiger l'article suivant » que publia, le 13 octobre, le *Messager franco-américain :*

« Les *sujets* du roi de Prusse, de Saint-Louis, sous la présidence de M. E. Pretorius, rédacteur de la *Westliche Post*, et par l'entremise de *leur* chancelier, le comte de Bismarck, ont adressé à leurs *frères* d'Allemagne l'*injonction* de garder la Lorraine et l'Alsace avec leurs forteresses, le tout *volé* à l'Allemagne, et d'exiger de la République française le remboursement des frais de guerre.

Comme correctif à ces appétits gloutons, ils ont bien voulu exprimer l'espoir qu'une représentation libre au Parlement unitaire de l'Allemagne devînt la récompense de la bravoure germanique.

Au nom des principes sacrés, des droits de l'humanité audacieusement outragés par ces prétentions sauvages ; au nom de la sainte République insultée, vilipendée ; au nom de l'histoire torturée, falsifiée ; au nom de la presse libre américaine avilie par la participation de certains de ses membres à la rédaction d'une pareille adresse, qui sue les doctrines des Attila, des Gengiskhan, des Tamerlan ; au nom de la civilisation contre la barbarie, nous protestons hautement, énergiquement !

Ah ! ces prétendus républicains allemands sont bien les dignes descendants des partageurs de la Pologne ! De principes, de croyances ? Point. Qu'on n'essaye pas de parler d'humanité et de démocratie à ces admirateurs de Tilly et de Wallenstein.

Réussir, accaparer, s'arrondir : voilà leur devise. Mentir effrontément à la face du monde entier, ils n'en ont pas peur. Ils ajoutent l'insulte à la dérision. Quoi ! c'est quand le noble Jacoby, quand les socialistes de Nassau, quand les républicains de Bade gémissent dans les fers ; c'est quand, journellement, M. de Bismarck ajoute la suppression d'un nouveau journal aux 68 qu'il a étranglés depuis deux ans ; c'est quand, de toutes les parties de l'Allemagne s'élève le cri de couronner empereur de Germanie le roi qui se dit de droit divin, qui, trois fois, a dissous le Parlement libéral de Berlin ; qui, en 1866, s'est baigné dans des fleuves de sang allemand pour assouvir son ambition démesurée ; c'est quand ces faits crient au monde : Voici la barbarie, voici les ténèbres, voici le Moyen-Age, qu'eux, les menteurs à gage, osent parler d'un Parlement libre ! Pitié ! Oui, c'est quand l'auteur infâme de la guerre sacrilège, qu'ils encouragent de leurs vœux brutaux, se prélasse dans un palais somptueux, servi par des cuisiniers gracieusement à lui envoyés par la reine Augusta; c'est quand on répand le sang à torrents pour restaurer sur le trône le lâche histrion de Sedan, c'est alors que, dénaturant les faits, ces valets prussiens imputent au peuple français une agression que le roi Guillaume lui-même attribue à Bonaparte, à ses ministres et à ses journaux, trio détestable, fauteur d'une opinion publique factice.

Oui, nul mensonge ne coûte à ces fanatiques du droit royal pour justifier leurs appétits abjects. Ainsi, ils arguent d'un prétendu vol fait autrefois à l'Allemagne, pour réclamer la Lorraine et l'Alsace. Où avez-vous vu cela, MM. les journalistes allemands de Saint-Louis ? Quand y a-t-il eu réellement une Patrie allemande ? Est-ce pendant la querelle entre le Sacerdoce et l'Empire, entre les Guelfes et les Gibelins ? Est-ce pendant la guerre de Trente ans ? Est-ce quand Frédéric II volait la Silésie à Marie-Thérèse ? Est-ce quand trois bandits couronnés se partageaient la Pologne ? Est-ce quand 103 ducs, comtes, barons, etc., adulaient bassement le consul Bonaparte ? Est-ce quand le poignard de K. Sand exprimait le désespoir de l'Allemagne, trompée en 1814-1815 comme elle va l'être en 1870 ? Est-ce quand Robert Blum était fusillé à Vienne, quand les Prussiens chassaient le Parlement allemand de Francfort ? Niez donc l'histoire ! Effacez, si vous le pouvez, les traités de Munster, de Ryswick, de Vienne, etc., etc. !

Et, quand vos prétentions seraient historiquement vraies, l'Europe régénérée ne date-t-elle pas de 1789 ? La France n'a-t-elle pas ébranlé alors jusque dans ses racines ce vieux monde que vous voulez restaurer ?

Alors, comme aujourd'hui, vos Prussiens ne sont-ils pas venus envahir ces deux provinces volées, dites-vous, à l'Allemagne ? Oui ! en 1792-1793 comme en 1814-1815, vous avez eu entre les mains la Lorraine et l'Alsace. Or, comment ces nobles filles de la France vous ont-elles reçus, prétendus frères libérateurs ?

Strasbourg, après avoir enfanté la *Marseillaise*, a aidé la Patrie à vous chasser de ces mêmes champs de bataille de Wœrth et de Frœschwiller où, hier, vous avez triomphé, grâce à la stupide imbécilité du guerrier de cirque qui se prélasse à Williamshœhe, pendant que la Patrie saigne par tous les pores. En 1814-1815, les Lorrains et les Alsaciens vous ont accueillis à coups de fourche.

Mieux que cela. Quand, en 1848, votre Parlement de Francfort étendait ses mains rapaces vers l'Alsace, au nom de ce droit historique que vous invoquez faussement, deux millions d'Alsaciens ont, le 19 octobre, affirmé leur amour pour cette France auguste, berceau et foyer de la liberté en Europe (1).

Essayez donc aujourd'hui de mettre en pratique la proposition émise par Louis Blanc. Consultez, même sous la pression de vos baïonnettes, ces populations qui, selon vous, tendent les mains vers la vieille Patrie allemande et le scrutin vous criera unanimement : Arrière ! barbares du Nord ! Anathème sur quiconque veut démembrer la sainte Patrie ! Vivre Français ou mourir ! O France ! ô Patrie bien-aimée, pitié ! pitié ! N'abandonne pas tes enfants les plus dévoués ! Chasse, chasse les Vandales du XIXe siècle ! Nous n'avons pas voulu de rois, d'empereurs se disant élus par la *volonté nationale* ; ne nous laisse pas gémir sous le joug d'un roi de *par la grâce de Dieu !*

Oui, voilà ce que dira le scrutin si on le consulte. Mais vous ne conseillerez pas à votre roi cette sainte consécration du droit du peuple, MM. Pretorius, Dentzel et Schurtz. Nous avons dit Schurtz ! Ah Karl ! quelle cruelle déception tu nous infliges ! Nous

---

(1) Aux fêtes du Centenaire de l'annexion de la Lorraine à la France, en 1866, toutes les communes de cette ancienne province ont envoyé à Nancy des délégués et des députations chargés d'exprimer leur joie d'être unis à la France, leur bonheur de se voir incorporées à la grande Nation.

étions heureux et fiers quand ce bel Etat du Missouri t'a assis dans les conseils de la grande nation américaine. Vienne le jour, disions-nous, où le soleil de la liberté se lèvera sur l'Europe et nous aurons là, au Sénat, un avocat qui plaidera la cause des peuples contre les rois. Aujourd'hui, ô douleur! nous trouvons en toi un champion du roi de Prusse. Ton journal souffle la haine contre la République française, traite avec mépris les efforts d'une nation combattant pour son indépendance et chante les louanges des rois et des oppresseurs du peuple. Il exhorte le roi Guillaume à bien verser le sang allemand et le sang français, afin qu'aux fleurons de sa couronne impériale germanique il ajoute les deux joyaux français qui ont nom Lorraine et Alsace.

Encore une fois, nous protestons contre un pareil oubli des droits de la liberté, contre un pareil mépris des droits des nations.

Si bientôt, comme nous en avons la certitude, la victoire couronne nos armes et fait triompher la liberté et la justice, nous repousserons avec horreur toute idée de conquête. A nos yeux, il n'y a de sacrée, de légitime que la seule guerre qui chassera les rois, restaurera les peuples dans l'exercice de leurs droits éternels et amènera cette sainte fédération des nations de l'ancien continent, par laquelle seront abolis les quatre fléaux qui affligent le vieux monde : les rois, les armées permanentes, le prolétariat et l'ignorance. »

L'Union Républicaine.

. . . .

. . . .

. . . .

XXI.

Consummatum est.

Trois mois après cette virulente protestation, on mit en exécution la proposition de Louis Blanc.

Paris meurtri, affamé, exténué, après avoir mangé son dernier morceau de pain noir, dut se résigner à voir le gouvernement accepter un armistice, pour ordonner l'élection de la Chambre appelée à conclure la paix.

On consulta, sous l'occupation prussienne, les populations volées autrefois, comme l'affirmaient les gallophobes, volées à la vieille Patrie allemande. Or, à qui l'Alsace et la Lorraine confièrent-elles la tâche d'affirmer leur amour inaltérable pour la chère, la seule, la vraie Patrie, la tâche de protester contre toute pensée d'annexion à l'Allemagne? Est-ce à un seul ami du vainqueur, de la Prusse, de la Germanie? Est-ce même à des monarchistes qu'on devait supposer être plus agréables que des libéraux, au nouvel empereur Guillaume?

Non: A l'exception du seul M. Keller, de Belfort, qui venait de combattre vaillamment contre l'Allemagne, tous les départements menacés choisirent des républicains de vieille date, afin d'affirmer par là, d'une manière éclatante, leur aversion contre la monarchie, auteur de tous les maux dont souffrait la chère France. Mieux que cela encore. Presque partout, les populations convoitées par les Teutons inscrivirent sur le bulletin de vote le nom qui, alors, personnifiait au plus haut degré la France républicaine militante, anti-prussienne, le nom de Gambetta. Et le seul royaliste des quatre départements en péril, M. Keller, voici en quels termes il formula, à Bordeaux, la protestation des Lorrains et des Alsaciens, dans la séance où fut consommé le lamentable sacrifice :

« Celui qui devrait parler à ma place, dit-il, le maire de Strasbourg, le doyen de notre députation, se meurt de douleur et de chagrin : son agonie est le plus éloquent des discours. Notre honneur, à nous, reste entier. Pour rester Français, nous avons fait tous les sacrifices et nous sommes prêts à les faire encore. Nous voulons être Français et nous resterons Français. Il n'y a pas de puissance au monde, il n'y a pas de signature, ni de l'Assemblée, ni de la Prusse, qui puisse nous empêcher de rester Français... »

Puis, après avoir comparé l'Alsace à un navire dont on céderait non-seulement le bois, le fer, mais l'équipage, la chair et l'âme des matelots, il ajouta :

« Je n'ai pas, à l'heure qu'il est, la prétention de changer les dispositions trop arrêtées dans un trop grand nombre d'esprits ; seulement, j'ai tenu, avant de quitter cette enceinte, à protester comme Alsacien et comme Français contre un traité qui, à mes yeux, est une injustice, un mensonge et un déshonneur ; et si l'Assemblée devait le ratifier, d'avance j'en appelle à Dieu, vengeur des causes justes ; j'en appelle à la postérité qui nous jugera les uns et les autres ; j'en appelle à tous les peuples qui ne peuvent pas se laisser vendre indéfiniment comme un vil bétail ; j'en appelle, enfin, même à l'épée de tous les gens de cœur qui, le plus tôt possible, déchireront ce détestable traité. »

A son tour, M. Grosjean monta à la tribune et dit :

« Messieurs, je suis chargé par tous mes collègues des départements de la Moselle, du Bas-Rhin et du Haut-Rhin, présents à Bordeaux, de déposer sur le bureau, après en avoir donné lecture, la déclaration suivante :

« Les représentants de l'Alsace et de la Lorraine ont déposé, avant toute négociation de paix, sur le bureau de l'Assemblée nationale, une déclaration affirmant de la manière la plus formelle, au nom de ces provinces, leur *volonté* et leur *droit* de rester Français.

» Livrés au mépris de toute justice, et par un odieux abus de la force, à la domination de l'étranger, nous avons un dernier devoir à remplir.

» Nous déclarons, encore une fois, nul et non avenu, un pacte qui dispose de nous sans notre consentement.

» La revendication de nos droits reste à jamais ouverte à tous et à chacun, dans la forme et dans la mesure que notre conscience nous dictera.

» Au moment de quitter cette enceinte, où notre dignité ne nous permet plus de siéger, et malgré l'amertume de notre douleur, la pensée suprême que nous trouvons au fond de nos cœurs est UNE PENSÉE DE RECONNAISSANCE POUR CEUX QUI, PENDANT SIX MOIS, N'ONT PAS CESSÉ DE NOUS DÉFENDRE, ET D'INALTÉRABLE ATTACHEMENT A LA PATRIE DONT NOUS SOMMES VIOLEMMENT ARRACHÉS.

» Nous vous suivrons de nos vœux et nous attendrons, avec une confiance entière dans l'avenir, que la France régénérée reprenne le cours de sa grande destinée.

» Vos frères d'Alsace et de Lorraine, séparés en ce moment de la famille commune, conserveront à la France absente de leurs foyers une affection filiale, jusqu'au jour où elle viendra y reprendre sa place.

» Bordeaux, 1er mars 1871.

» Signé : L. Chauffour, E. Teutsch, E. Keller, Scheurer-Kestner, Humbert, Küss, Deschanges, Bœrsch, Noblot, Dornès, Bamberger, Bardon, Gambetta. »

. . . .
. . . .

Épilogue.

Nous sommes à San-Francisco, au Consulat français. Une longue file d'hommes, de femmes, de jeunes gens et quelques jeunes filles, tous endimanchés, s'avancent graves, tristes, silencieux. En tête de la manifestation marche un vieillard portant un drapeau tricolore français, recouvert d'un long crèpe. Arrivé devant le Consul, le cortège s'arrête et le vieillard incline le drapeau devant le représentant officiel de la France. Le vieillard, après un instant de silence, enlève le crèpe et, s'adressant au Consul, dit :

Monsieur le Consul,

Nous, enfants de la Lorraine et de l'Alsace, nous venons accomplir un devoir sacré. Depuis six mois, toutes les calamités qui ont accablé notre France bien-aimée ont eu un douloureux retentissement dans notre cœur. En assistant à l'agonie de Paris, nous croyions avoir épuisé jusqu'à la lie la coupe du malheur et du désespoir. Une dernière et plus cruelle épreuve nous était réservée encore.

Dans le traité maudit que, le poignard sur la gorge, la France a dû souscrire, il a été stipulé que tous les habitants nés sur le territoire arraché à la malheureuse Patrie seraient Allemands de droit, à moins que, par un acte authentique, ils aient opté pour conserver la qualité de Français.

C'est cet acte d'option que nous venons signer aujourd'hui, M. le Consul. Ah ! qui m'aurait dit, il y a dix-neuf ans, quand j'ai quitté ma chère Alsace et que partout on criait : l'*Empire c'est la paix, c'est la gloire!* qui m'aurait dit que pour rester Français, et devenu vieillard à cheveux blancs, je me verrais contraint de souscrire un acte spécial, et cela grâce aux folies de la Monarchie, de l'Empire. Ah ! maudits, mille fois maudits soient la Monarchie et l'Empire !

Nous vous apportons, M. le Consul, ce cher et vénéré emblême de la France adorée comme un témoignage de notre attachement à la Mère-Patrie. Nous lui avons ôté le voile noir pour un instant, pour l'heure pendant laquelle nous accomplirons tous notre devoir patriotique. Notre protestation contre l'annexion infâme terminée, nous vous le remettrons recouvert du crèpe funèbre, triste témoignage du deuil et du désespoir qui emplissent nos cœurs. Gardez-le bien, M. le Consul ; gardez-le précieusement jusqu'au jour où nos saintes flammes tricolores flotteront de nouveau sur la malheureuse Alsace-Lorraine. Alors, nous ou nos enfants, nous viendrons vous le redemander.

Le pauvre vieillard s'arrête. L'émotion lui coupe la voix et, de toutes les poitrines, s'échappe un immense, un douloureux sanglot.

Le vieillard embrasse en pleurant le drapeau et, d'une main tremblante, signe l'acte d'option. La longue file suit, silencieuse, et chacun, avant d'écrire son nom, baise l'emblême de la Patrie adorée. . . . . . .

. . . .

Quand, en 1832, la Pologne vaincue retomba dans le funèbre linceuil dans lequel l'avait ensevelie l'infâme coalition des rois, elle s'écria avec désespoir, du fond de son froid sépulcre: Dieu est trop haut et la France trop loin!

Dans une heure et dans des circonstances pareilles, les récentes victimes du moloch monarchique ont apporté une variante à ce cri des victimes de l'absolutisme :

Si Dieu est toujours aussi haut, la France, heureusement, n'est pas trop loin, cette France adorée qui, sous l'égide de la République, a repris le cours de ses nobles destinées. Attendons l'avenir! Espérons! Oui, espérons, et, les yeux tournés vers cet avenir consolateur, poussons, Mesdames et Messieurs, le cri des cœurs virils, le cri des peuples libres :

VIVE LA RÉPUBLIQUE !

TABLE DES MATIÈRES

Nous croyons faire plaisir à nos lecteurs en reproduisant le fragment suivant de la protestation contre l'annexion (août 1870), de l'Alsacien Siebecker (Voir le *Peuple en Lorraine sous l'Ancien Régime*).

« Je ne sais si la Patrie sera assez lâche pour nous abandonner ; je ne sais si, affolée de peur, la haute bourgeoisie acceptera à ce prix une paix honteuse ; mais, ce que je sais, c'est que, quel qu'il soit, je deviens l'homme de celui qui me rendra le pays de mes frères, à la condition qu'il ne touchera en rien à ceux qui l'ont perdu.

» Et, s'il ne s'en trouve pas, eh bien ! je préviens nos vainqueurs que c'est une nouvelle Pologne qu'ils s'attachent aux flancs. Qu'ils ne l'oublient pas, nous sommes des peuples frontières, nous sommes une race de soldats terribles : des taureaux dans la plaine, des sangliers dans la forêt, des loups dans les montagnes. Chacun de nous a, dans sa famille, une légende de héros qui, lorsqu'elle n'est pas connue de l'histoire est sue du village. Pour mon seul compte, j'en ai dix-sept des miens tombés pour la France, depuis la bataille de Fontenoy jusqu'au combat de Sacile.

» Garder l'Alsace et la Lorraine ! La chance les a soûlés !

» Allons ! vieille France, mère folle et toujours adorée, mais réponds donc qu'ils en ont menti, et que, fusses-tu agonisante, tu n'abandonneras pas encore les deux plus jeunes, mais les deux plus vaillantes de tes filles ! »

Lunéville, Imprimerie Nouvelle. — 1689

www.ingramcontent.com/pod-product-compliance
Ingram Content Group UK Ltd.
Pitfield, Milton Keynes, MK11 3LW, UK
UKHW020423230726
13925UKWH00004B/1588

9 782014 055467